探究式教学

让学生学会思考的四个步骤

（英）萨拉·斯坦利（Sara Stanley）著

中国青年出版社
CHINA YOUTH PRESS
中青文传媒

图书在版编目（CIP）数据

探究式教学：让学生学会思考的四个步骤 /（英）萨拉·斯坦利著；郑晓梅译.
—北京：中国青年出版社，2020.5

书名原文：Creating Enquiring Minds

ISBN 978-7-5153-5949-6

Ⅰ.①探… Ⅱ.①萨… ②郑… Ⅲ.①教学法—研究 Ⅳ.①G424.1

中国版本图书馆CIP数据核字（2020）第024773号

探究式教学：让学生学会思考的四个步骤

作　　者：[英] 萨拉·斯坦利
译　　者：郑晓梅
责任编辑：肖妩嫔
文字编辑：贾倩颖
美术编辑：佟雪莹
出　　版：中国青年出版社
发　　行：北京中青文文化传媒有限公司
电　　话：010-65511270/65516873
公司网址：www.cyb.com.cn
购书网址：zqwts.tmall.com
印　　刷：大厂回族自治县益利印刷有限公司
版　　次：2020年5月第1版
印　　次：2021年7月第2次印刷
开　　本：787 × 1092　　1/16
字　　数：60千字
印　　张：11.5
京权图字：01-2019-3557
书　　号：ISBN 978-7-5153-5949-6
定　　价：39.00元

Creating
Enquiring Minds

目　录

第4章

第5章

第6章

第7章

第8章

Creating
Enquiring Minds

前 言

P4C（“Philosophy for Children”的简称）即儿童哲学，它是有关儿童对于自身的思考，旨在培养儿童独立思考的能力。儿童哲学可以有效提高儿童的推理和思辨能力，使他们更了解自身以及所生活的世界，同时能表达出自己的看法。在教师的推动下，哲学探究活动分为导入、思考、提问、对话四个步骤。

什么是P4C？

- P4C概念由美国教育专家马修·李普曼（Matthew Lipman）提出，英国教育家卡琳·莫里斯（Karin Murris）通过运用儿童绘本，对P4C活动进行了拓展补充。
- 教师给学生看绘本、图片或有象征性的物件，然后引导他们进行探讨。
- 当学生们看到上述刺激物后，要说出自己的第一印象，并据此提出开放且具有哲学意义的问题。
- 小组一起讨论问题，思考其中的联系和与之相关的哲学问题。
- 大家一起确定一个或几个问题，由老师引导，发起讨论；在讨论时要注意倾听其他人的想法，深入思考后确定自己是否同意其他人的观点。

为什么要在教学中引入P4C活动

- 哲学思考能让儿童深入探讨与自己息息相关的问题。
- 哲学能够提高儿童探究、假设和分析的技巧，极大地提升推理和反思能力。
- 有助于儿童创新思考并提出具有创造性的解决方法，同时，能有理有据地提出自己的看法和观点。
- 哲学有助于儿童全身心投入学习，进而提高交流和倾听的技巧。
- 哲学思考能促进学科学习。
- 哲学思考活动可以提高团队凝聚力，提高儿童在上课期间和课后的表现。

赫拉克利特

约公元前544年至公元前480年

“成大事者立大志。”

“学得多不代表都能理解。”

亚里士多德

公元前384年至公元前322年

“求知是人类的本能。”

“真正受过教育的人，即便不同意别人的观点，也能够真心欣赏。”

“生命的意义在我们的行动中，而不是岁月中；在我们的思想，而不是呼吸中；我们活在感受中，而不是钟表上的数字中。只有能让人怦然心动的岁月才算活着，只有思维最活跃、感受最豁达、行为最高尚的人，活得才最有意义。”

苏格拉底

公元前469年至公元前399年

“我是全世界最明智的人，因为我知道一件事，那就是我一无所知。”

“反反复复做的事情成就了我们。所以，优秀是一种习惯。”

“智慧始于探究。”

詹姆斯

6岁

“哲学思考让我更聪明了。我觉得自己似乎无所不能。”

Creating Enquiring Minds

第1章 探究式教学的技巧

探究精神的核心在于有理解的意愿。当全力以赴，努力学习技巧，锤炼哲学思考能力时，理解力会有显著的提高。这些技巧对我们的教育和生活都大有裨益。

教会学生如何思考

观点

当下，学校课程大纲中要求，要教会学生必要的思考技巧，同时学校还必须创造条件，向学生传递学习信念和价值观。学生的精神、道德、社会和文化责任的发展，是教育的重中之重。

学校的课程体系应该能够教会孩子们关注生命奇迹和人生困惑，并深入思考；鼓励学生的创造性、批判性思维。

儿童哲学可以提高儿童的创造性思维和批判性思维，使其思维更缜密。学习哲学需要专注，需要有透过现象看本质的能力，需要倾听不同的声音，最重要的是要花时间来反思自己处于什么样的位置；学习儿童哲学最重要的目的在于，可以增进儿童对社会、精神、道德和文化的理解。如果课堂氛围自由、教师能鼓励探究，那么师生就能相互尊重、相互信任，学生也愿意在学习中思考。

P4C活动有助于培养儿童的高阶思维，提高其沟通能力。学生们学会了先思考后开口，其推理也会更为合理，能更好地向他人表达观点，和他人合作。一旦他们学会了经过深思熟虑，有事实为依据再挑战权威，同时又不失尊重，那么很多误解就烟消云散了。

在本节的“如何做”板块，我们将探讨以哲学为背景的课程大纲，以及孩子们如何在各门课上运用哲学技巧。

如何做

你怎么认为？这样认为的原因是？

在英语课上：不管在讨论什么话题，都应确保学生聆听、共同探讨并交流想法。讨论时，确保他们清楚该话题的要点所在，同时深入思考听到的内容，在权衡其他人观点的同时形成自己的观点。学生们能够在演示自己的推理过程时，用不同的词汇来探讨问题，并做到条理清楚、有理有据。

这样做的原因是什么？

在数学课上：学生们应该深入讨论，能解释清楚正确答案是怎么来的。等熟悉这种思考方式之后，他们必须解释自己的思维过程，并进行举例说明。通过哲学思考活动，可以有效提高逻辑思维的能力和解决问题的能力，而这两项能力至关重要，就做题来说，是得出正确答案的基础。

时空旅行有可能实现吗？

在科学课上：科学课上涉及的主要概念包括知识、变化、特征和可能性。那么如何回答与这些概念相关的问题呢？应该对他人提出的意见进行回应，并提出自己的想法。也可以说，科学始于哲学问题，不过是多了假设而已。只有理解了基础哲学问题，才能做出符合原理的结论。

我们能相信别人告诉我们的事吗?

在历史课上：要告诉学生，不同的人呈现的历史不尽相同，不同的人对历史的解读也有天壤之别。运用哲学方法学习时，鼓励学生勇于挑战自己，拨开假设和概括的迷雾，寻找历史证据。哲学探索的一些核心概念，如平等、真理、权力等，往往都与历史领域息息相关。

我们是谁？我们的世界是怎么样的?

在地理课上：学生们应该要有了解世界、了解自己，并且能够以自己的世界观来探究不同的环境和文化的能力。而且他们要学会判断出环境和文化对社会发展的影响。

观点

如果仔细看一下小学课程大纲，我们不难发现，其实，哲学活动随处可见，相关度也很高。比如，小学生：

- 喜欢与人交往。
- 会讨论作业，还会解释自己为什么选那个答案。
- 会讨论他们发现的数学规律，并向同学说明自己的想法。
- 可以把自己观察到的东西描述出来。
- 在他人帮助下，可以学会表达自己的观点。
- 能找到解决问题的独特方法。
- 能读懂所述的过去发生的故事，并复述其中一些内容。
- 知道并理解过去发生的事，并能解释现在为什么会发生变化。
- 能表达自己的观点并提出问题。
- 可以描述某个地方、某种环境，对此说出自己的看法和理由。

- 阅读故事、诗歌作品后，可以就其中的主要内容和观点进行评论。
- 在写作文时，能用简单的词和短语表达出自己的想法。
- 会使用合适的词语，用连贯的句子来陈述观点。
- 写作富有想象力，会提出一些非常有意思的观点。
- 推演的方式很有趣。
- 会使用一些细节来扩充自己的观点和陈述。
- 认真倾听，能提出与话题相关度很高的评论和问题。

如何做

下面两种情境，哪一种更好呢？

是这一种：

还是：

思考的进步

观点

教会学生们深入思考的技巧，有助于这些“小哲学家们”更好地理解自己的思维过程。只有真正明白自己正在做什么和这样做的原因后，学生们才更有努力学习的动力。在哲学课上是否能取得进步，不在于年龄大小，而在于他们是否掌握了关键技巧。当然，除了自身的能力外，老师作为促进者的技巧也至关重要。

儿童对哲学思维技巧的掌握程度，可以反映出他们在哲学上的进步，比如：

- 能够提出开放性问题。
- 能够连续发问。
- 能够联想到之前的一些想法，并找出相关性。
- 能够由自己的观点联想到哲学概念。

- 能够看出不同观点的矛盾之处。
- 能够带着同理心倾听、理解他人的观点。

教师还可以从在课堂上的参与程度看出学生是否有进步。作家乔安娜·海恩斯（Joanna Haynes）在著作《儿童哲学家：在小学课堂上通过提问和对话学习》中认为，学生的成长，表现在智力、情感和社交这三个方面。她认为，如果教师能够教会学生倾听，运用智力、情感和社交能力，那么学生就可以在学业上取得进步。例如，老师可以通过让学生安静、放松和冥想，以此来提高学生专注倾听的技巧。这三个方面能力的提高，是学生成长的前提。

如何做：哲学探究活动能够教授的技巧

在每节课上，要求学生努力做到：

- 遵守规则
- 表达自己的想法

- 发现开放性的问题
- 找到不同问题之间的联系
- 一起解决小组内部的问题
- 阐释自己提出某些想法的理由
- 联想到自己以前的疑惑
- 认识到思想的改变
- 除了意料之中的答案，还能提出思路截然不同的观点
- 识别论述中相互矛盾之处

探究技巧：创造力 、想象力、沟通力

观点

运用创造力和想象力提出新观点

儿童天生就具有探究精神。而在提问、反思、对话的过程中，儿童会充分调动自己的想象力和创造力，进行推理，从而进一步开发探究精神。批判性的讨论有助于儿童将自己的想法和观点联系起来，具有批判性思维且善于思考的人敢于挑战权威，批判性思考的过程使学生不必揣测老师的期望而给出答案。相比其他人而言，他们更自信、灵敏，更富同情心、主动和善于发挥想象力。P4C活动所使用的导入材料，有助于培养儿童的想象力，使他们面对问题时不会总是墨守成规。

提高交流技巧

在进行哲学对话时，学生要尝试运用丰富的语言，表达各种各样的观点，这样的练习有助于锻炼儿童的表达能力，并让他们学会轮流发言。学生们将逐渐掌握如何交流，在陈述与陈述之间、他人的想法和自己的想法之间与其他学科之间建立联系。

如何做

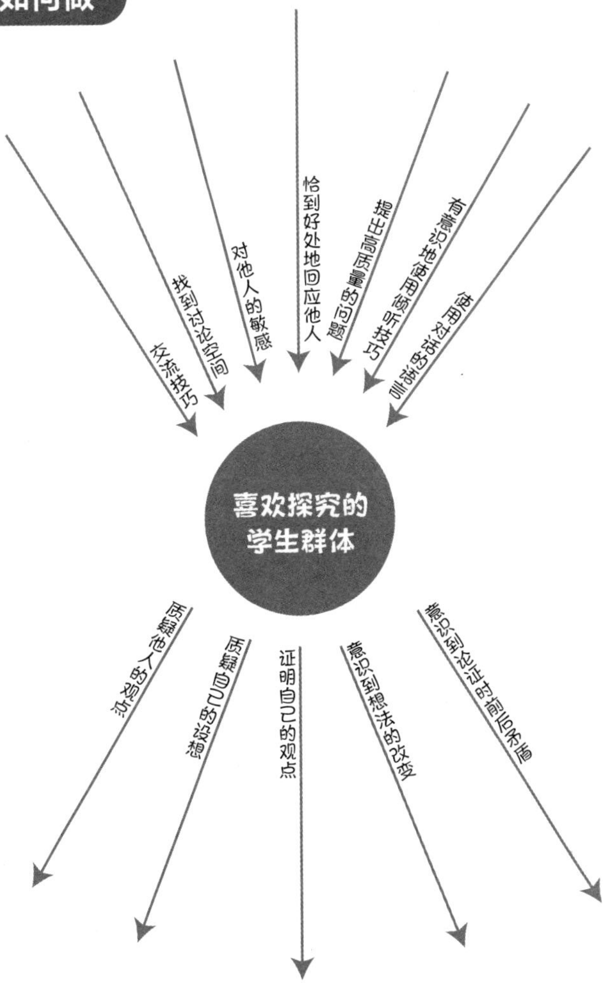
交流技巧
找到讨论空间
对他人的敏感
恰到好处地回应他人
提出高质量的问题
有意识地使用倾听技巧
使用对话的语言
喜欢探究的学生群体
质疑他人的观点
质疑自己的设想
证明自己的观点
意识到想法的改变
意识到论证时前后矛盾

如何更好地获取知识

观点

合理怀疑是获取知识的一种方法

哲学思考使学生勇于假设和质疑。能够做到这一点，说明他们具备了推理、反思的能力，初步具备了高阶思维技能，并且能够有意识地运用科学的探究方法。喜欢探究的孩子进行哲学探讨，可以开拓思维，培养“请证明给我看”的态度，指引他们避免轻信。

哲学可以激发学习的动力。即便是3岁的孩子，也天生具有竞争和不断超越自己的意识。而和其他人一起提出观点，则需要运用高阶思维技巧来思考，并解决问题。

通过分析和假设证明自己的观点

学生能通过理性反思来纠正自己不完善的观点，让学生有机会清晰地表达自己，真正明白自己相信什么，以及为什么有这样的信念。这才是终身学习的主旨。

如何做：证明观点的过程

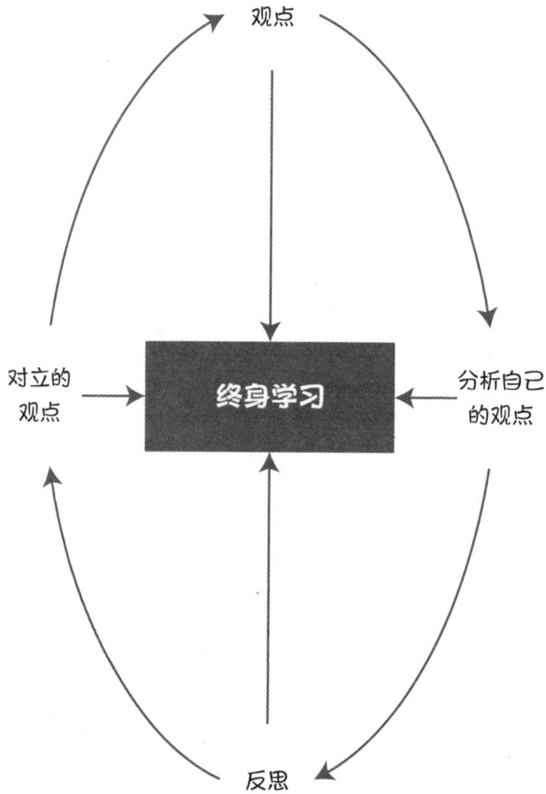

为自己的行为负责

观点

通过学习哲学，孩子们逐渐学会对自己的行为和观点负责。在一群喜欢探究、充满激情和同情心的孩子们中间，良好的人际关系是很重要的一部分。孩子们会慢慢认识到平等的重要性，并认识到彼此作为合作者均享有对话的权力。

当儿童开始探究并反思一些道德问题时，说明他们开始真正思考与自己生活息息相关的问题。一旦他们善于哲学思辨的天性被激发出来，就可以更好地对自己的行为负责。

哲学思考鼓励人们进行自我检讨、自我反思、坚守信念，提出自己的想法。而这些行为都可以强化一个人的自我意识。自我意识又可以让人学会掌控自己的感受。所以，学习哲学的孩子往往会表现出爱探究的天性。此外，学会哲学思考还有助于孩子们正确把握和同伴、父母、老师和其他成年人的关系。

在课堂上进行探究活动时，有一条重要的原则是：保证每一个学生都有发表意见的权利，每一个人的观点都值得讨论。如果别人尊重自己的想法，那他们也能学会尊重其他人的想法。

如何做

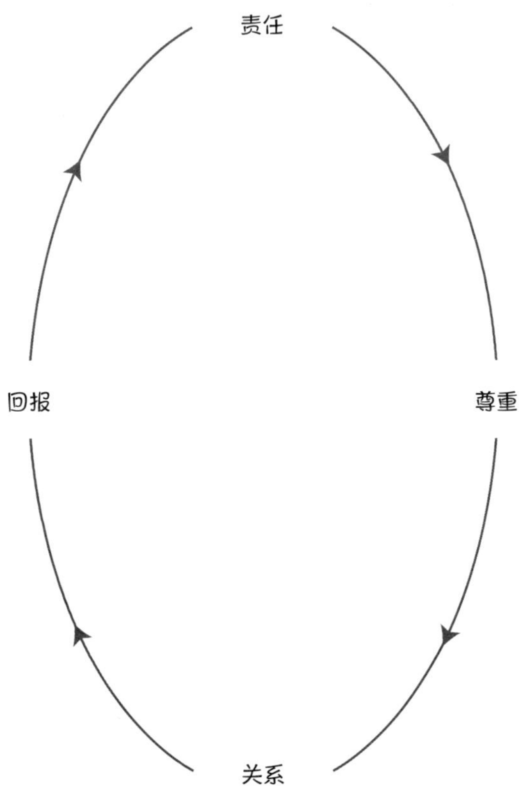

评估探究过程中所用的技能

观点

在本书第25页至第26页，我们列出了学习哲学可以提高的核心探究技能，但是这些技能可能会根据实际情况进行调整。我们可以用很多方法来评估学生在探究过程中，这些能力是否得到了提高，其中一个方法就是：每节课使用“技能卡片”来建造“技能墙”，这和搭积木是一个道理。在哲学探究课上，这些卡片就是搭建起哲学之墙的积木。这样做的目标是：不管花多长时间，把所有“积木”都用上，搭建起坚固的知识技能墙。

每堂探究课开始时，教师带领全班同学要共同回顾上一节课的内容，并确定在本节课要实现的目标。在回顾进度时，组织讨论上次课做的好和不好的地方。例如，“上周我们没有用‘轮流发言’这块‘积木’，或许我们今天的目标就是把这块‘积木’

用上吧！”在确定目标时，要向所有学生明确，并且要确保所有学生参与进来。

小贴士

每次探究课都要建这样的一面“技能墙”。在每节课结束后，最好把建好的“墙”画在本周的问题清单背面，以便下周参考使用。

如何做

把你认为应该和学生一起学习的重要技巧打印在卡片上，把这些卡片摆放在桌面上，快下课时，要考虑某个课程目标是否实现（小组目标和个人目标）。全班同学一起把这些技能卡片过一遍，教师要判断是否有足够多的学生学会了这项技能，是否应该用这些技能建一堵“技能墙”。

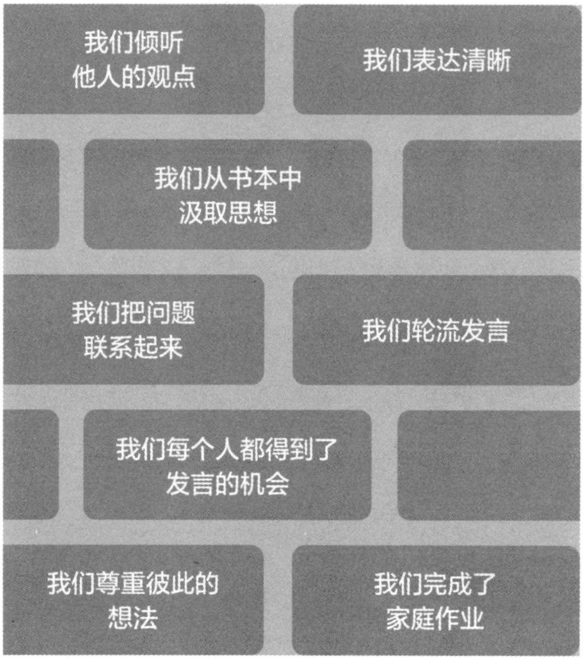
我们倾听
他人的观点
我们表达清晰
我们从书本中
汲取思想
我们把问题
联系起来
我们轮流发言
我们每个人都得到了
发言的机会
我们尊重彼此的
想法
我们完成了
家庭作业

制订探究活动的规则

观点

学生需要学习很多技能，但最重要的是要学会如何在课上参与小组活动。为了营造有利于理性讨论的气氛，首先必须共同确定一套行为规范。所以，在上第一节哲学探究课之前，必须向全体学生说明制定这套行为规范的原因，让他们都理解这套行为规范的重要性。成功的探究课需要团队全体成员的共同努力，学生必须明白，只有人人遵守规则，团队成员才会相互尊重、共同努力。这些规则将打造一个安全之所，保证学生们相互尊重，感觉自己被聆听。

在制定规则时，学生应该尽可能多地参与。制定每条规则时，可能需要组织一些场景，模拟大家聆听、发言的场景，让学生进行角色扮演，让他们体验倾听和发言两种情景。通过活动，他们会了解一个优秀的倾听者、发言者和思考者该是什么状态，以及老师对他们的期望。孩子们也是规则制定者，所以，如果他们认为其他人违反了规则，他们有权对规则进行维护。

如何做

以下是经过讨论制定的规则范例：

- 别人发言时，我们要注视着他，这样发言的人就知道我们在认真倾听。
- 分享自己的观点时，要让全班同学，而不仅仅是身边的人听到。
- 发言要和主题相关，不能跑题。
- 等到没人说话时再发言。
- 提出观点时，要说明理由。
- 如果没理解别人说的话，就请对方解释说明。
- 参考别人的观点。

- 尊重每个人的想法。
- 保持安静。
- 坚持倾听与思考。
- 声音和语调要平和、适度。
- 发言要清晰，确保大家都能听见。
- 如果有人不同意我们的观点，也要保持冷静——不可能所有人的想法都一致。

Creating Enquiring Minds

第 2 章

学生必须思考的重大问题

生活中充满了各种选择。我们当下做出的不同的决定，会对后续的选择有不同的影响。因此，如果我们能花时间，理性思考重要问题，思考这个世界的种种问题，将会更容易做出选择。

哪些问题重要呢

观点

我们在儿童教育中引入哲学内容，除了让他们学会必要的思维技能，还是为了让他们深入思考自己的生活和身边发生的事情。让他们有机会思考一些重要问题，而这些问题可能和他们以前和现在的经历直接相关。聚焦有价值的问题，提出新的想法，发现新的问题，将对他们的生活产生重要影响。

作为引导者，老师们如果想让学生思考哲学性质的问题，自己就应该先了解并理解。在学生提问或回答问题时，应强调其中的哲学元素，帮助他们深入思考这些问题。

作为引导者，必须要了解并且能够回答哲学家们已经回答过或者仍然在寻找答案的哲学问题，这样你才可以指导孩子们深入探索。你会发现，自己会和学生们一起沉迷其中。阅读哲学家们提出的论点、问题、假设的同时，教师也要多想想应该如何反驳，创建自己的观点，这样做大有裨益。

- 没有爱，你还能过充实的生活吗?
- 爱一个人，是用心还是用脑袋?
- 爱一个人和爱一件东西，一样吗?
- 你能偷走爱吗?

这些问题只是开始，是为了引导孩子进一步深入思考“爱”这个话题。随着学生们变得更自信，他们自己会提出更多有价值的问题。

如何做

给孩子们讲下面的两难故事，听听他们有什么想法。

猪妈妈有三个儿子。年长的两只小猪又勤快又有礼貌，总是勤劳地在猪圈里帮妈妈干活。可小儿子总是惹麻烦。他很懒，对妈妈也很粗鲁，动不动就找碴和哥哥们打架。

经过很多个不眠之夜的深思熟虑后，终于有一天，猪妈妈决定采取行动。她收拾了很多食物，带着两个大儿子悄悄离开了。

临走前，她在小儿子的枕头上留了一张纸条，上面写着：我爱你，所以我带着哥哥们走了。

你认为猪妈妈爱小猪吗?

什么是选择

观点

- 你可以自由地做你想做的事吗?
- 由谁来决定你做什么?
- 有选择意味着同时要承担责任吗?
- 选择是否包括错误的选择呢?
- 在监狱里是否有自由选择的权利呢?
- 儿童的选择比成年人少吗?
- 我们应该为别人做选择吗?
- 我们是怎样做出选择的呢?

如何做

给孩子们讲下面这则两难故事，听听他们有什么想法。

从前有一个国王。多年来，他一直挥金如土，直至有一天他把所有财富都挥霍光了，使臣民陷入了贫穷和饥饿的困境。有一天，一个又老又丑的人来到破败不堪的宫殿旁边，看到国王美丽的女儿在破破烂烂的花园里拔草。这个人碰巧是世界上最富有的人，正在寻觅妻子。

他找到国王，并提议："如果你把女儿嫁给我，我就会让这个国家再次强大，让人民再次富足。"国王知道女儿已经疯狂地爱上了一个身无分文的年轻仆人，已经到了谈婚论嫁的地步。国王把女儿叫到身边，告诉她那个富人的提议。他让公主好好想一想。

公主该怎么做呢？

什么是对，什么是错

观点

- 我们生来就知道什么是对的，什么是错的吗?
- 我们能决定成为一个好人或坏人吗?
- 我们有良知吗?
- 我们的良知从何而来?
- 我们怎么知道何为对，何为错?
- 人应该受到惩罚吗?
- 人的是非观都一样吗?
- 谁来决定什么是对，什么是错?
- 违反法律可以吗?
- 做正确的事情会让你真正快乐吗?
- 做错事会让你变成坏人吗?

- 有纯粹的邪恶或纯粹的善良吗？

如何做

给孩子们讲下面这则两难故事，听听他们有什么想法。

很久很久以前，妖怪们在各自的领地里和平相处，它们负责

照看国王的山羊，尽职尽责。国王对他们很满意，所以就奖励给每只妖怪20只山羊。一天，个头最大的妖怪有点饿了，就吃掉了自己的一只山羊。他觉得羊肉美味极了，就决定从此以后只吃山羊。他把自己的食物都喂了羊，把它们喂得壮壮的，几周后，他发现自己把领地里所有山羊都吃光了。“这不是什么问题，”他想，“外头还有很多羊呢。”于是他就跑出去找更多的山羊吃。当其他妖怪发现自己的山羊被吃掉后，异常愤怒。他们觐见国王，要求严惩那个吃山羊的妖怪。

接下来会发生什么事情呢?

什么是权力

观点

- 人人生来平等吗?
- 为什么有些人的权力比其他人的大?
- 为什么我们需要领导者?
- 什么使一个人成为领导者?
- 领导者应该得到更多钱吗?
- 是什么让一个人比其他人更重要?
- 成年人应该比儿童拥有更大的权力吗?
- 金钱能带来权力吗?
- 聪明才智能给人带来更大的权力吗?
- 一个人能比100个人的权力更强大吗?

如何做

给孩子们讲下面这则两难故事，听听他们有什么想法。

在一个遥远的被遗忘的星球上，生活着两群外星人。一群外星人长着很大的头，另外一群长着很胖的身子。两群外星人总是为了谁最强而打斗不休，生活得很悲惨。某一天，有一个年轻的外星人从附近的星球来到这个星球上，要求与他们的头领对话。这两群外星人十分惊奇，因为他们根本就没有领袖。

“那让我解决这个问题吧”，这个年轻外星人说：“我可能很年轻，但我很有钱。我可以当你们的领袖，我会让每个人都守规则，我要让每个人都幸福。作为回报，我只要一个金碧辉煌的住处、一顶王冠，再让我每个月咒骂一百句。”

如果你是外星人，你会怎么做？

什么是身份

观点

- 我们一直都是这样的人吗?
- 我们是慢慢变成了现在的样子，还是我们本来就是这样的?
- 出生之前，我们在哪里?
- 等我们老了，我们还是原来的样子吗?
- 有什么东西能够改变我们的样子吗?
- 如果我们和别人交换身体，我们的身份会改变吗?
- 如果我们和别人交换大脑，我们的身份会改变吗?
- 有和我们一模一样的人吗?
- 我们真的能改变自己吗?
- 思想和身体是分开的吗?
- 是什么东西定义了你?

如何做

给孩子们讲下面这则两难故事，听听他们有什么想法。

在黑暗的森林深处住着一个满脸皱纹的老妇人。她以前并不是像现在一样又老又丑，满脸哀愁。就在两周前，她还很漂亮，她的骨头也不会嘎吱嘎吱地响。

但是她犯了一个可怕的错误。在她去见未婚夫——快乐王子的路上，她碰到了一个一贫如洗、弯腰驼背的老妇人，老妇人向她借精美的斗篷。她觉得这个要求简直太无礼了，于是没有借给

老妇人，但她没有想到的是，这个老妇人是个女巫。一眨眼的时间，女巫就在她身上施了魔法——当魔尘消散后，她们的身体互换了。

现在，风华不再的女人想知道，王子会娶她，还是女巫？她现在看起来和以前有天壤之别，她还是王子想娶的人吗？

你觉得呢？

Creating Enquiring Minds

第 3 章

探究式教学的基本步骤

哲学探究有其固定的结构模式。只要按照安排逐步推进，学生们就会清楚这些问题：为什么要和别人合作、该怎样和别人合作，才能实现共同的目标。虽然“结构”一词听起来很死板，但实际上，只要大家制定出共同的规则，就可以在一定的范围内自由探究。

探究式教学的架构

观点

哲学课程应该被纳入学校创意课程，每周定期上一节。例如可以把哲学课作为素质教育课。哲学课安排在每天第一节最好，因为学生们在这个时间精力最充沛，注意力也最集中。有时候，学生们进入状态比较慢；有时候，他们的兴致又很高，希望课间休息后，能再继续上课。不管出现哪种情况，教师都应该灵活处理。

哲学探究课一般包括以下四个部分：

导入

可以使用绘本、工艺品、照片、报刊上的文章等作为导入材料，只要能引发学生们的好奇心就可以。老师要讲的故事应该有一些模糊的部分、有一些明确的部分，这样学生才有提问的空间和深度思考的可能。

思考

在进行课程导入后，要给学生一些时间，通过做游戏、画画、微写作等体验式活动，最终提出一些问题。应该在这之前安排静静思考的时间，给他们足够的时间与同伴、教师交流讨论。

提问

随着大家对哲学探究课的过程日渐熟悉，教师作为引导者应该鼓励他们问一些具开放性的问题，最终过渡到哲学问题。然后使用一些策略来分析这些问题。

对话

对于讨论的论题，学生们可以推理、解释、赞成，也可以提出异议，并展开讨论。老师可以通过提问来引入哲学层面的讨论，但不要表明观点，也不要控制讨论的走向。

每节课最后，教师可以用很多方法来结束这节课。例如总结、再提问、请大家做出评论、布置作业等。

如何做

一个小时的课程大概可以如此安排：

1. 导入（10分钟）
向全班同学展示用于作为导入材料的物品。

↓

2. 思考时间/讨论时间（5–10分钟）
两人一组或以多人小组形式进行讨论。
并把想法记录下来。

↓

3. 提问（5–10分钟）
根据自己的想法提出一个或几个问题。收集问题、
分析问题并选出一些有价值的问题。

↓

4. 对话（20–30分钟）
找出各个问题之间存在的联系，
思考自己是否同意他人的观点，以此慢慢形成自己的观点。

↓

5. 结束和评价
教师组织学生分小组进行总结，明确下一节课要讨论的问题。

导入

观点

在上哲学课程时，导入环节所使用的材料非常重要。建议教师在开始时先使用绘本，或是给学生读故事，让他们有足够的时间来吸收文字和插图的内容。你可以让学生们围坐在一起，也可以让他们分成几个小组，每个组使用一本绘本。

选择的材料必须能够激发老师和同学们的好奇心，必须具有很大的不确定性。最好是选用那些能够激发想象力、具有开放性的教材，这样学生才可以提出各种各样的问题，而又不能简单地从文字或图画中找到答案。如果材料中的内容和学生生活有一定的联系，那么他们就能够感同身受，讨论起来就更顺畅。如果这些问题和他们的经历、梦想相关，对他们来说至关重要，那么他们就更愿意深入思考，全身心参与，不懈追求真理。

在《为什么思考？》（萨拉·斯坦利著）一书中，作者列举了大量实例和案例，说明年幼的孩子也可以逐步积累思考的经验。就算3岁大的孩子，也应该拥有机会根据教材来讲故事，玩耍道具，使用相关资源，并提出自己的看法。

教师可以选择适合某个主题或教学计划的教材，不过一定要有心理准备，因为可能课程不会朝着你预期的方向发展，因为学生们才是整个对话走向的决定者。作为一个有经验的引导者，教师的目标是培养学生进行哲学思考的能力，但思考的内容不应该是教师感兴趣的，而应该是学生感兴趣的。

如何做：运用不同的导入材料

绘本

- 经典科幻绘本《海底两万里》。
- 国际绘画大师安东尼·布朗所著的《动物园》系列。

这套书里面有关于奇特场景的图片，有助于激发想象力。

- 马丁·博罗松（Martin Boroson）所著的《成为我》（*Becoming me*）。

这是一本让人脑洞大开的书，哲学可以成为艺术创作和文学创作的基础！想了解更多信息的话，可以登录www.childrenthinking.co.uk，参阅论坛中“成为我”这一主题中玛丽亚·柯尼什对1岁小孩的研究。

视频

- 动画电影《木偶奇遇记》片段。
- 由罗比·科尔特兰和乌比·戈德堡主演的电影《爱丽丝梦游仙境》片段。

从中截取一些可能引发疑问的片段，5分钟长短就可以。

诗歌

- 玛雅·安杰洛和让·米歇尔·博斯奎特的诗歌《生活吓不倒我》。

艺术作品

- 昆汀 · 布莱克所著的儿童读物《给我讲一讲画》。

昆汀 · 布莱克精心挑选了国家美术馆的一些绘画作品，集结成册，这些作品都能够激发人们的对话、思考和探究。

思考

观点

在哲学探究课程中，思考时间非常关键。有了足够的思考时间，学生们就能讨论导入材料中有趣的地方，或者是让人困惑的地方。鼓励他们讨论故事的奇怪之处或有趣之处，还应该鼓励孩子们分享对导入材料的想法。

几分钟后，鼓励学生闭上眼睛，或静静地坐几分钟，仔细考虑和组织自己的想法。如果他们觉得自己准备好了，就可以在笔记上写下他们的问题。对于年级较低的孩子，可以通过游戏来帮助他们体会书中的内容，或者也可以使用面团、颜料或角色扮演来阐释自己的想法。首先，教师一定要帮孩子们把陈述句转换为疑问句，用这种方式能使学生更容易把想法准确表达出来。但学生提出的问题不一定要和导入教材直接相关，可以是由教材联想到的任何东西。

在课堂上，老师可以和学生低声交谈，问问他们对哪些地方感兴趣，同时要了解他们提出的问题或观点，尽管有的问题有些天马行空。

如何做

给学生一个笔记本，随时记录他们的想法和观点。这个本子应该是A4纸的规格大小，里面是白纸，并且容易随身携带，主要记录在哲学思辨和思考方面取得的进步和进展。学生在思考过程中如果有任何想法和问题，都可以随时记录下来，以便于日后再仔细思考。鼓励学生们用图画来表达自己的想法，从而提出问题和观点，这点于年龄较小或者有沟通障碍的孩子们来说尤为重要。因为在这些学生的世界里，谈论自己画的意义相对更容易些。

还有一种活动方法，就是四五个人一组，然后每个组把小组成员的想法和问题分别画在一张纸上。对于那些有同伴支持才能树立自信的孩子们来说，这种组织方法尤其管用。他们可以和其他人一起谈论图画、想法和问题，他们会觉得很安全，并且敢于组织自己的想法，为以后独立发言做好准备。

提问

观点

当学生在提出哲学问题后，如果发现提出的问题无论是同学还是老师都不知道答案，他们会觉得自己的问题很厉害、很有价值。所以当提出“为什么……呢？”这样的问题时，老师类似于“就是因为……”或者“我不知道”这样的回答，会使提问者备受打击。正确的做法是引导他们不断尝试，有深入思考和提问的勇气，并且能共同协作，找到问题的答案。

事实上，学生们不只是基于事实来提问，他们会先聆听别人的观点并和别人交流自己的观点之后再提出问题。这样，他们就能慢慢地学会相信自己的判断，重视自己的观点，重视他人的观点。

提问之后要记得把所有人的问题记录下来。

在最开始，尤其是那些年龄较小的孩子，可能并不知道怎么提问，往往会就事实进行陈述。这也没有关系，同样也可以把他们说的话收集记录下来。在看到其他人的示范后，孩子们很快就会明白老师想让他们提出什么样的问题。那些在笔记本上只写下陈述句的孩子，在听到其他人提问题后也能把自己的陈述变成问题。

如何做

下面这些问题都蕴含着哲学思想，由哲学俱乐部一些三年级的成员提出。

1. 导入材料：梵高的绘画作品

精选问题：梵高为什么要画画?

涉及概念：想法是什么？知识是什么？权力是什么?

2. 导入材料：安东尼·布朗的绘画作品《动物园》

精选问题：动物们为什么经常打架?

涉及概念：爱、家庭、差别、交流

3. **导入材料：**安东尼·布朗的绘画作品《动物园》

精选问题：红毛猩猩为什么待在角落里?

涉及概念：动物权利、平等、自由、权力

4. **导入材料：**安东尼·布朗的绘画作品《公园里的声音》

精选问题：妈妈为什么要对那个男孩说“坐下”?

涉及概念：童年、平等、权力和权威

5. **导入材料：**科林·汤姆森的绘画作品《如何长生不老》

精选问题：人能长生不老吗?

涉及概念：信仰、死亡、宗教、上帝

6. **导入材料：**由萨拉·斯坦利复述、奈杰尔·波特配图的绘本《匹诺曹–蟋蟀的故事》

精选问题：他为什么要撒谎?

涉及概念：真理、道德、责任、良知、爱和后果

对话

观点

在对话环节，目标是让学生通过互相讨论逐渐形成自己的观点。他们要在对话中能表达同意或反对的意见，而且要说出自己的理由。

老师要做好引导，确保对话不会变成听说练习，也不会变成学生们的闲聊。只有拥有深入理解某件事情的愿望，学生们才会深入探究。所以优秀的引导者应该在对话的过程中，抓住时机提出问题，引发兴趣进行深入思考。

在进行哲学对话时，要鼓励学生听取其他人的观点和想法，引导他们运用逻辑和推理方法，让自己的观点更加有理有据，站得住脚。

对于自己探究而创造出来的东西，人们总会渴望有更多的发现，而这样的动机正是开设儿童哲学探究课的基础。说出自己的想法和观点，提出自己的问题，学生们就会觉得对话是由自己组织主导的，慢慢解构自己构建的东西，他们会沉浸在发现的快乐中。

对话活动可以通过组织学生们投票，决定讨论哪些问题实现，这样的办法很有用。然后，老师请提出问题的学生解释提出这个问题的原因。等他们更熟悉哲学思维后，教师可能会发现，在提出问题、建立联系的时候，学生们就已经开始对话了。到这时候，可能就不需要投票了，孩子们会根据自己的兴趣自发开启哲学对话。

如何做

下面的对话发生在幼儿园暑期班。

话题导入的材料：一只玩具小鸡和一个煮熟的鸡蛋

老师让孩子们以“先有鸡还是先有蛋”为题，画一幅画，然后想一想他们这样认为的原因。

下面摘录了对话的一小部分。

孩子A：鸡蛋来自鸡。它们必须先找一只鸡，然后它才能下蛋。

孩子B：我同意，鸡妈妈把蛋下在窝里了。

孩子C：如果没有鸡，我们就不知道蛋是怎么来的。

孩子A：需要有鸡下蛋，不然就没有鸡了。它们都会死掉的。

孩子E：鸡是小宝宝变成的。那就是一个鸡蛋。

老师：新东西总是凭空出现的吗？

孩子F：嗯，所有鸡都必须待在蛋里，否则它们就长不大。

孩子G：我想是先有蛋，因为是鸡先下了蛋。

老师：如果没有鸡呢？那么鸡蛋是从哪里来的呢？

孩子G：鸡蛋是从鸡妈妈那里来的。

孩子B：但是根本就没有鸡妈妈，对吗？

孩子F：嗯，保姆鸡生了一个孩子，这个孩子会长成新的鸡妈妈。

孩子B：在小鸡一家出现之前，保姆鸡是从蛋里出来的。我现在真的不知道了，鸡蛋是从哪里来的？

孩子H：从商店买的。

在讨论之后，老师让孩子们再回过头看看他们画的画，看看有没有人改变想法。然后，老师跟孩子们分享关于这个古老哲学小问题的见解。

第 4 章
如何更好地应用探究式教学

我们看到的、感觉到的、听到的和经历过的事情总会让我们产生很多疑问，有时候我们会觉得困惑，有时候又会很好奇。在哲学探究课的开始，给学生们多看些有趣的导入材料，会让他们对这个世界有更多的好奇和探索的欲望。这是探究式教学的第一步。

使用绘本

观点

导入哲学探究，最简单的办法是使用绘本。图书市场上有大量合适的优质绘本，可以激发孩子们对生活学习中哲学问题的探讨。

绘本既有文字，又有插图，理解绘本不受年龄和能力的限制，很多绘本作者做绘本的时候就考虑到了不同年龄读者的需求。孩子们已经非常熟悉这种形式，基于此可以提出很多问题，因此要选择易于让孩子们提出问题和观点的绘本，如果你觉得某绘本很有趣，那很可能孩子们也会如此认为。避免选择那些专门探讨特定主题或话题的绘本。如果绘本中没有给出明确的答案，那学生将会发挥出更强的探究能力。要选择那些令人费解的、所讲故事离奇的、文辞优美的绘本，要选择孩子们喜爱的作家的作品。就算一本书读几次都不用担心乏味，因为对有趣的作品进行重复阅读会加深孩子们的理解，提高他们提问的质量。

本书作者萨拉·斯坦利在著作《为什么思考？》中，也推荐了一些绘本，同时写出了阅读这些绘本后，学生们可能会提出的问题以及进行的对话。

小贴士

把适合进行哲学探究课导入的书籍收集起来，然后放到教师办公室，这样，老师们在备课时很容易就能找到合适的材料。

如何做

展示绘本时，可以看看下面几点建议：

- 带着学生们看绘本时，不一定非要坐成几排，可以打破这种模式，鼓励孩子自由地坐到能看得更清楚的地方。

- 多提供几本书，在教师读绘本的时候，孩子们可以坐成几组，边听边读。
- 教师要在学生中间走动，确保大家都能看到插图。
- 把一些插图复印下来或者扫描出来，放大贴在白板上，或者用投影仪展示。孩子们可以一边听故事，一边看插图。

使用图片

观点

很多图片都适用于探究活动。但要尽量选一些有趣的、具有神秘感的，如绘画、照片、海报、明信片和杂志或报纸上的广告图。图片的优势在于，可以复印、投影、扫描，可以让孩子们直观看到所要表达的内容。

脱离了每个图片背后的故事，这些图片本身就能起到强有力的说明作用。上文提到的安东尼·布朗的《动物园》就是很好的例子。书里有很多关在笼子里的猩猩的图片，这些猩猩的形象往往引发很多高质量的对话。在课堂上，孩子们都提出了自己对图片的独特见解，这些孩子们的解读会有一些共同之处，但不尽相同。

许多绘画作品也有助于哲学探究活动。孩子们可以通过这些作品加深对历史、地理的理解，而要真正理解这些问题，还有什么比探究更好的方法呢?

小贴士

把精美的旧的台历保存起来，里面的图片可以剪下来，当作哲学课上的导入教具。

如何做

在这个场景中，老师用6张画着狼的图片作为导入材料。图片中的狼品种不同，动作状态也不同。师生共同选择以下问题中的一个进行了讨论。下面是文字记录。

老师：狼知道自己很可恶吗?

孩子A：狼需要有人帮它意识到自己做错事了。

孩子B：狼并不知道自己很可恶。

孩子C：但是它们肯定知道吃人是错的。

老师：狼有良知吗？

孩子C：有，因为它们有狼的良知。它们的良知会让它们做坏事，因为它们的生活很糟糕。

孩子A：它们不得不学坏。

老师：人是天生就很坏，还是后天学坏的？

孩子A：嗯，我觉得人的天性是好的。

孩子B：如果人们出生的时候不是好人，那妈妈就不会爱他们，那他们就会活得很辛酸。

老师：所以，你认为有人爱你，你才做好人吗？

孩子D：狼很坏，但狼妈妈仍然喜欢它们。

孩子E：不，它们生来就很坏。

孩子A：但是也许狼天生是善良的，但长大后就变坏了。老狼教会它们怎么作恶。

老师：狼有规则吗？

孩子B：狼没有规则，因为它们不制订规则，也不知道我们说的规则是什么意思。

孩子A：它们的良知和我们人不一样，因为它们的大脑和我们的大脑不一样。

孩子D：我认为动物没有良知，因为它们不会说话。

孩子E：动物肯定也有良知，因为婴儿虽然不会说话，但婴儿就有良知。

孩子D：我弟弟只有3岁，他也会上厕所，不过他不知道尿在楼梯上是不对的。

孩子B：是的，婴儿有良知，但他们的良知很少，良知少就不会说话。

使用漫画

观点

儿童漫画和杂志中经常有很多有价值的观点，我们也经常能够看到对热门问题的讨论，还有很多与孩子们的生活和经历密切相关的问题。例如，有关芭比娃娃的漫画可以引发对诸如性别刻板印象、身份形成等问题的探讨。不管是男孩子还是女孩子，都可以从中找到很多话题，可以探讨很多概念。

漫画给孩子们提供了很多讨论切身相关的重要问题的机会。高年级的学生们都特别喜欢《辛普森一家》这套漫画。这部作品涵盖了同辈压力、种族歧视、性别成见、道德、现实、家庭、友谊和教育等主题。《辛普森一家》漫画是部讽刺作品，让孩子们有机会以有意义的方式涉猎传统的简单哲学问题。

如何做

某学前班的孩子们正在讨论一本芭比主题的漫画：

帕特丽夏：买玩具的时候，必须给女孩子买芭比娃娃，给男孩子买变形金刚。

鲁比：我同意你的说法，男生一定喜欢变形金刚。

利亚姆：不，你说的不对，我是男生，可我就玩芭比娃娃。

丹妮：他说的对，我还从麦当劳那挑了一个变形金刚。

杰登：我认为喜欢什么取决于我们自己，我们想要什么，就告诉妈妈，告诉圣诞老人。

路易斯：不对，我觉得是妈妈们决定穿什么衣服，因为妈妈知道我们该穿什么。如果穿错了，妈妈会让我们换过来。

乔治：是的，男孩子不能穿白色的紧身衣。

路易斯：我同意你的说法，因为可能会有人说你看起来很蠢，因为女孩子才穿紧身衣。

乔治：要是让男孩子穿粉红色的衣服，他肯定不会喜欢。我还很小的时候，我就决定我要喜欢蓝色。

利亚姆：我喜欢粉色，但是我不会穿蓝色的衣服。

乔丹：但是男孩子不能穿粉红色的衣服，他们必须穿蓝色的。

丽莎：我不同意。有些男孩确实喜欢粉红色。我哥哥就喜欢粉红色，我喜欢蓝色。我们一起玩玩具呢。

布里奥尼：有些玩具男孩和女孩都可以玩，比如游戏机。但我不玩里面有打斗的游戏。

丹妮：不过女孩子也可能会打架。

布里奥尼：如果我穿军装，人们会说我很傻，除了那些非常爱我的人。

里斯：你买不到女式军装。

丽莎：可以呢，我和爸爸在一起的时候就见过穿军装的女孩。

使用实物教具

观点

等孩子们能够更自信地提出问题、深入对话后，教师或许就可以用实物来导入探究了。

使用的实物教具可以是：

- 化石或恐龙模型（知识和信仰，天地万物，物种灭绝）
- 面具（身份，欺骗，外表个性）
- 玩具鸡和鸡蛋（进化，遗传学）
- 关在笼子里的玩具（自由、正义、犯罪与惩罚、动物权利）
- 切成两半的苹果（生命、生态、环境）
- 裹着白毯子的布娃娃（爱、性别、身份）
- 魔杖或一套魔术道具（信仰、欺骗、因果）
- 魔镜（现实、身份、愿望的实现、命运）

- 雕塑作品（对艺术品的解读、美学、写实主义、抽象派）
- 贴着“喝下我”标签的彩色小玻璃瓶（尺寸，信任，好奇心，力量）

小贴士

鼓励孩子们把家里有趣的小物件带到教室，或者把旅行中发现的有趣的礼物带到教室，和同学一起分享。

如何做：使用情境设置导入

你将需要：

- 三张卡片（分别代表国王、女巫、龙）。
- 一个城堡（可以由彩色的洗衣粉盒子改造而成）。
- 可以放到盒子里的“宝物”，比如金币巧克力、戒指、魔法石等。

告诉学生们：在很久以前，有一些价值连城的宝贝就被藏在城堡里，从来没有人能够找到它们。设定一个情境，让学生们有责任进入城堡，取回宝藏。然而，他们靠自己的力量还做不到，必须在以上三个角色中的一个帮助下才能取回宝藏。他们会选择谁呢？为什么这样选择呢？他们选择的角色将如何帮助他们找回"宝藏"呢？让学生们把他们的选择画出来，也可以写下选择的理由。

在本活动中，学生最有可能提出下面几个概念：权力（选择国王）、力量（龙）或魔法（巫师）。本活动旨在锻炼孩子们解释自己做出某种选择的原因的能力。然后，学生或老师可以把这些人物画在一张大纸上，共同讨论每个角色的优点和缺点，并讨论他们选择的动机。老师在学生们探究的过程中，充当的是抄写员和引导者的角色。

小贴士

对于高年级学生，或者已经具有哲学思维的孩子，可以让“城堡盒子”也具有哲学含义，这样，在活动中就可以进一步从正反两方面分析事物。

Creating
Enquiring Minds

第 5 章 开启提问环节

生活中充满了问题，但只有经过认真思考，这些问题才有意义。但是，也不要为了提问而提问，提问应该是自觉自愿的。就像旅途的意义不在于抵达目的地，而在于享受途中美丽的风景。

该提什么样的问题

观点

所谓哲学思维，就是提出重要的问题，给出自己的答案和猜想，并证明答案的正确性。哲学问题涉及过去、现在及未来与人们生活息息相关的问题和理论。不管是大人还是小孩，天生就有探索、理解世界的欲望，有了解人类自身的欲望。人类究竟发生过什么？是怎么发生的？为什么会发生这些事情？

在一开始学习探究时，学生们必须明白，课堂上可以有效解决哪种问题，如开放式问题。提问活动刚开始时，可以用不同的符号把孩子们提出的问题分类，找到更适合探究的问题。在那些有明确答案的问题前面打钩。打钩有两个含义：一是说明这个问题已经有了答案，没有再进行讨论的意义；二是说明提出这些问题并没有错，只是这些问题不需要讨论，不可能再有不同的观点。

有些问题的答案可能在导入材料上就能找到，有些问题学生通过自己研究或者请其他人解释才能找到答案。毫无疑问，这些问题的答案都是对事实的陈述。

开放式的问题是那些可以讨论的问题。可以据此提出不同的观点或意见，也可以对这些问题进行深入探究，并最终走上哲学之路。随着孩子们越来越熟悉哲学探究课程，他们将能够提出更具有哲学意义的问题。

如何做

下面是一些小学生在哲学课上基于童话故事提出的问题。

封闭式问题：

那个女孩喝茶了吗？

熊把粥吃光了吗？

有几张床？

女巫有猫吗？

事实性问题（这些问题可以从文本中找到答案）:

长发公主的头发怎么长得这么长?

狼是怎么从烟囱里下来的?

猪离开家的时候多大了?

为什么插画家把树画成人的样子?

石头为什么会沉下去?

那只猫叫什么名字?

狼为什么不会说话?

开放式问题：

金发姑娘为什么要偷粥?

豆子真的有魔力吗?

猪妈妈应该把猪宝宝赶走，让它们自己生活吗?

为什么继母总是那么可怕?

杰克为什么要害怕巨人?

为什么继母生的两个姐姐不喜欢灰姑娘?

为什么美女会爱上野兽?

哲学问题：

爱是什么？

良知是什么？

邪恶从何而来？

偷窃是错的吗？

真理是什么？

我们的梦想从何而来？

把问题记录下来

观点

首先，要给学生一些思考的时间。他们可以在本子上画思维导图厘清自己的想法，可以和小伙伴们坐在讨论角交谈也可以自己静静地思考。要向他们说明你的要求：希望他们思考导入材料让他们感到困惑的地方。而且，一定要让他们明白，不要为了提问而提问，提出的问题必须是他们真正感兴趣、真正想要找出答案的。而且，最好提出开放式的问题，这样对话和探究才会有质量。

其次，教师应该把学生们的问题和陈述逐字逐句记录下来，把提出问题的学生的名字记录在问题旁边，同时，要说明这些孩子很愿意和全班同学分享他们的问题。上面这几点措施很重要，也有很用。收集问题的方法很多，可能会花很长时间，不过经过不断的研究和改进，收集问题的效率也可以提高。

如何做：收集问题的方法

- 学生每次每人主动提一个问题，老师把这些问题写在纸上。
- 运用一个“热点地带”—— 一张圆形的红纸放在地上。学生可以站在热点地带上呈现问题。不过，一定要提醒他们，要等热点上没人的时候，他们才能站在上面提问题，以此来培养孩子们在探究的过程中遵守秩序，学会轮流发言。
- 学生也可以把问题写在便利贴上，然后把便利贴贴在纸上。
- 共同提问可以减少问题的数量，提高效率。帮助学生看到问题之间的联系，并找到有和自己的问题相似的人，共同探讨，然后共同提出一个总结性的问题。
- 分组提问题：每两人一组，讨论对导入材料的看法，然后共同提出一个问题。

发现问题间的联系

观点

随着孩子们对哲学思辨越来越熟悉，理解更加深入，他们能提出更好的问题，也能够进行更深层次的思考了。除了让他们解释提出的问题的深层含义，还应该鼓励他们考虑他们提出的问题和别人提出的问题有何契合之处，考虑他们提出的问题可以引发对哪些重要问题的探讨。收集好问题后，就要对这些问题进行分析、澄清。此过程可以加深学生对问题的理解，激发思考力，从而让学生们看到问题之间的联系。这样做不仅可以减少问题的数量，提高效率，还可以让他们对深层次问题有更清晰的思考。

再把问题读一遍，学生们可以主动说出问题之间的联系。

- 哪些问题问的是一回事？
- 那些问题的本质是什么？

- 更重要的问题是什么？

小贴士

把相互联系的问题用笔画出来，在连线上写上更大的主题或次生问题。可以使用不同颜色的笔，这样可以更清楚地看到梳理过程。把问题分成几类，就用几种不同的颜色表示相关的概念或主题。这样学生也能看到不同概念间的联系，还可以看出不同概念间还可以建立怎样的联系。

如何做

匹诺曹为什么跟着那些男孩？（凯蒂）

老师为什么让匹诺曹走开？（凯尔蒂、卡奥米、玛雅）

他的鼻子为什么变长了？（乔、乔安娜、乔治亚）

匹诺曹为什么跑掉了？（玛丽亚，艾什莉）

他为什么还能活着？

他为什么打那个男孩？

木偶师傅为什么要把木偶偷走？（迪伦）

那个男人为什么想要所有的木偶？（哈里）

匹诺曹为什么想上学？（吉姆）

匹诺曹为什么要说谎？（利亚姆）

匹诺曹打喷嚏的时候，鼻子里为什么会冒木屑？（卡梅隆）

关联到哲学问题

——→ 匹诺曹知道他做了错事吗？

（我们生来就知道对错，还是慢慢学会什么是对错？）

------> 为什么木偶主人令人讨厌?

(为什么有些人很讨人厌?)

·········> 木头有生命吗?

("有生命"是什么意思?有"生命"和"存在"一样吗?)

-·-·-·-> 为什么匹诺曹想成为一个真正的男孩?

(什么样的人才是"真正的"人?我们怎么知道什么是"真的"?)

让问题具有哲学意义

观点

正是通过寻找问题之间的关联和联系，教师才逐步实现了哲学探究的目标。通过建立联系的过程，学生逐渐明白隐藏在这些问题背后的重要问题，并对这些问题进行深入探究。

通过把问题分类，孩子们学会思考隐藏在问题背后的更重要的问题。他们慢慢明白，通过对最先提出的问题的讨论而提出的次生问题才是真正进行哲学探究的基础。

之后，等他们熟悉这种找联系、按照主题进行思考的方式后，他们从一开始就可以提出更具有哲学意义的问题。作为引导者，教师的目标是培养孩子们用哲学思维来看待导入材料的能力。如果让他们想象，自己向一个从来没有读过那本书或者从来没有看过相关材料的人提问，应该如何做？这样的方法让提出哲学问题更容易。

如何做

下面几个例子说明了提出的问题如何变成哲学问题。

提出的问题		哲学问题
匹诺曹为什么要撒谎?	➡	人为什么会说谎?
亚瑟为什么这么生气?	➡	人为什么会生气?
男孩们为什么不让达西踢足球?	➡	人们为什么对待男孩子和女孩子的方式不同?
狼为什么要威胁小猪?	➡	为什么有些人会威胁别人?
公主为什么不信守她对青蛙的承诺呢?	➡	人们应该一直信守诺言吗?
白雪公主美在什么方面?	➡	到底什么是美?

从问题开始

观点

当问题已经澄清，相互间的联系也已经了解清楚，需要探讨的主题也已经找到，这时候学生就该选择一个问题来开启探究之旅。在选择问题时，应用投票法的技能至关重要。投票的技巧在于思考问题，能够判断该问题是否有价值，选出有讨论价值的问题，以及自己对此是否有兴趣。

在投票之前，要告知学生，做决定时不要受其他人干扰，从而给自己不感兴趣的问题投票，也不要跟从朋友的看法。哲学思辨过程很重要的一点是，让所有人认识到，自己有权提出自己的想法和观点。如果投票的时候没有动脑筋思考，随后将很难参与讨论。等到他们提问、选择的能力提高了，就可以要求他们共同提出一个能够体现原来问题本质的新问题。

最后，教师可能会发现，投票选择问题的过程也不是必要的了，因为在厘清问题和主题的时候，就已经开始自主对话了。

如何做：投票的方式

统一投票

先向学生解释投票规则：所有人都可以对开放性的问题投票，但每人只可以投一票。他们可以先选好自己要投的问题，等老师念到这个问题的时候举手，避免重复投票引起混乱。老师要记下每个问题的得票数，得票最多的即确定为对话使用的话题。

多重投票

可以投多次票，然后计算每个问题的得票数。

盲投

闭上眼睛，为一个问题或多个问题投票。

在角落投票

选择四个问题，放在房间的四个角落，告诉学生每个角落对应哪个问题，自己选择前往其中一个角落，以增强投票活动的互动性。

匿名投票

把所有问题编号，每个学生匿名在一张纸上写下数字，然后把选票投到投票袋或投票盒里。

Creating
Enquiring Minds

第 6 章

开始对话环节

对话是观点改进和思维增长的重要途径。和同伴讨论、发表观点、批判辩论等过程，有助于教师更好地引导学生认清自己的身份和价值所在。

探究的语言

观点

在进行哲学话题对话时，要鼓励学生引用其他人的想法和观点。如果自己的名字出现在对方的对话中，不管是同意还是反对，大家都会感受到被倾听的快乐。虽然提出观点本身就足够支持论点了，但是作为一个互相鼓励、互相支持的探究团队，要引导他们进行逻辑论证、推理、以事实证据来证明自己的观点。

探究团队要共同营造积极的、舒适的环境，让学生们逐渐成为具有批判思维的思考者和发言者，即使有分歧，他们也能自觉遵守规则。成体系的提问以及积极的辩论可以让他们摆脱“条条框框”的束缚，提高学生的自信心，真正进入最具成效的探究领域。

如何做

我同意……，
因为……

我不同意……，
因为……

我不确定是否理解……

你可以解释一下
你的意思吗？

关于……我想让你
再举几个例子。

我明白你说的，不过
你有没有想过……

你说的是……吗？

我改变主意了，
因为……

事情总是这样吗？
就算……

我不同意之前说过的……

我想起了一个例子……

我依旧认为……

教师的角色定位

观点

卡琳·莫里斯和乔安娜·海恩斯在其著作《故事智慧：在故事中思考》中，将教师描述为倾听者、向导、监护人和探究者。教师作为引导者要灵活运用提问，鼓励、支持学生间的互动，将老师的参与程度降到最低，引导学生沿着哲学方向进行深度思考。作为引导者，最终目标是让学生能够独立思考、独立提问。一旦学生理解探究技巧的重要性，学会倾听他人、理顺问题、拓展问题、共同探究、深入理解后，老师的参与度会自然而然大幅降低。

教师该如何引导？

1. 允许学生探索他们想探索的问题。如果对话进展不顺利，应该让他们自己尝试寻找原因。是没有认真倾听其他人的发言？没明白问题要求？没有兴趣？是因为某个人主导了对话？

2. 教师不要说出自己的观点。以提问的方式，来激发学生的深度思考。让学生自行展开问题、厘清问题背后的思路，有的问题看起来好像无法进行哲学探究，实际上可能很有趣。

3. 要花时间倾听学生在哲学探究活动以外的事。教室里、操场上发生了什么冲突？为什么会发生这些矛盾冲突？学生课间都玩什么游戏？

4. 推动全程学习。不要把哲学探究看作是一门课程，哲学思辨是开启智慧、丰富探究式课堂的途径，需要不断学习完善。

如何做：教师的问题清单

- 你能举个例子吗?
- 你有过这样的经历吗?
- 你为什么这么认为?
- 你说……是什么意思?
- 你能换种说法吗?

- a和b有什么区别?
- 这件事是在哪里发生的?
- 有人同意或不同意……的说法吗? 为什么?
- 有人有不同的想法吗?
- 这和……有什么关系?
- 你的想法和谁的想法有关系?
- 你有什么证据来支持这个观点呢?
- 我们如何发现这一点呢?
- 你能概括一下你所说的吗?
- 还有什么其他原因说服我们呢?
- ……有可能吗?
- 你是这个意思吗?
- 什么会改变你的想法?

结束对话和评价

观点

在对课程进行总结时，要给学生们几分钟时间，让他们静静反思本节课所学内容，然后老师要让他们决定本次哲学对话应如何结束。

要鼓励孩子们说出对本节课的想法：

- 本节课讨论了哪些问题？
- 哪些是不确定的？
- 下一步该重点讨论什么内容？
- 该选哪个问题作为思考作业？还是重新再提一个问题？

如何做：发言测量器

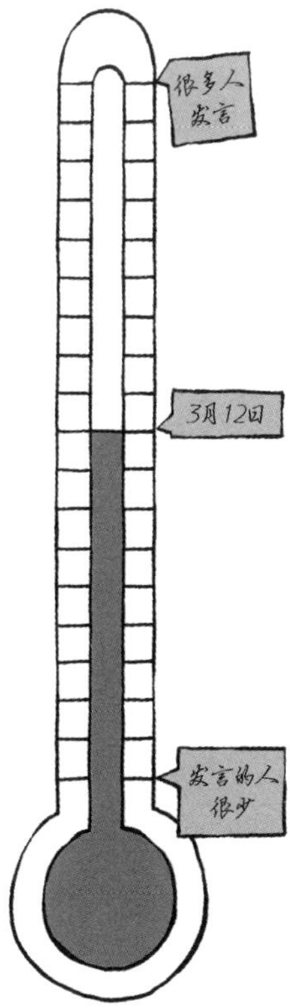

教师可以用发言测量器来评估课堂讨论效果。在记录问题纸的背面画一条竖线，在最下面写上“发言的人很少”，在最上面写上“很多人发言”。快下课时，全班同学根据课堂表现，共同决定该把温度指示线放在什么位置。教师也可以制作一个大发言测量器，挂在展示区。然后，在指示线旁标注日期，在本学期最后一节课，看看指示线是向上移动了，还是向下移动了。终极目标和终极挑战是看标记是否能达到刻度的顶端。

教师的自我评价

观点

写教学日志的方式可以引导老师在日志中记录学生思维的发展变化，而且还可以记录教师自身思维的变化，记录教师作为课堂引导者个人的发展进步。

不论何时，只要有可能，建议教师把课程录下来。通常，哲学探究课要保持一定的速度和一定的完整性，通过反复回放录音，教师可以回顾、反思自己作为引导者所发挥的作用，也可以从中得到启发。或许，你会发现自己多次滑入“教师模式”，打断了孩子们的思考；或许你会发现有些时候因为没有明确观点，导致学生之间缺乏共同的理解，对话难以进行下去。

回放录音，可以让教师在下次有机会充分参与课堂讨论。有时候，你会很惊喜地发现，自己问的问题引发了学生更深入的思考；有时候，因为自己问错了一个问题，使得对话中断了。回听录音后你会豁然开朗，想到自己当时该如何引导。本来该澄清哪些观点？本该什么时候提出一个次生问题？什么时候应该保持沉默？什么时候本该推着他们进行更深层次的思考？什么时候本该将讨论引回到原来的问题或想法上？

如何做

课程要点

- 课程如何开始
- 如何开始探究
- 课程如何结束
- 课后如何跟进
- 作业布置了什么问题
- 对下节课的预想

学生的表现

- 提问的质量
- 发现的关系和联系
- 课程哪些环节比较顺利，原因何在
- 课程哪些环节不太顺利，原因何在
- 让你感到惊讶的评论和回答
- 学生是否能够理解课上提到的思想和观点
- 作为一个团队，整个班级的表现如何
- 积极参与的学生们的姓名
- 有困难/表现优异的学生的姓名
- 学生们是否感到很兴奋

教师的表现

- 只做示范，而没有控制对话
- 让学生们厘清思路
- 让学生独立思考

- 给学生足够的时间来表达想法
- 推动更深层次的哲学思考
- 抓住时机，引入哲学探讨
- 鼓励学生合作

解决对话中的问题

观点

要记住，学生们会受教师的好奇心和热情影响，也会受彼此的影响。教师对自己要有信心，但一定要记住，让学生们学会进行哲学对话并不容易，需要时间来培养。

教师的身份是促进者而不是活动的组织者，因此不需要提供给他们所有的正确答案。不时打断他们也没有关系。记住，你的目标是：不让他们局限于导入材料，思考更加具有哲学意义的概念。

课程快结束时，和学生们一起评价本节课，并把你对课程的想法记在教学日志里。要重视学生的观点，把他们的想法记录下来，你能发现学生进步的种种迹象。

尽量用摄像机、平板电脑等把课程录下来。让助教或其他助手把教师和学生的对话记录下来。如果发现谈话中涉及的某个话题令人感到不舒服，在下次遇到类似话题时要停止讨论，不要害怕中断它。如果涉及了儿童保护、家庭隐私，或者让人无法接受的评论，一定要明确告诉学生，我们不能侵犯别人的隐私，课堂也不是讨论个人问题的地方。

如何做：当对话无法顺利进行……

如果对话进行不下去怎么办？

- 把最后说的话重新表述一下，也许是因为他们没有理解清楚。
- 问问大家是不是有同样的想法。他们或许不同意，看法略有不同。
- 从教师的问题清单中再选个问题提问（参考本书第122页）。
- 如果对话进展得过慢或效果欠佳，要中断对话并用学生的思考活动或用对话中涉及的概念做个游戏。

- 请同意（反对/不确定）刚才的说法的学生起立，说明原因。
- 讨论别的概念的相关问题。
- 玩“唱反调”游戏，鼓励不同观点的提出。
- 如果对话的确没有进展，教师要更换导入材料，重新探讨这个话题。

Creating Enquiring Minds

第 7 章

和家长分享哲学探究技巧

父母们都知道，孩子好奇心重，总会没完没了地问很多问题。但是又有多少家长真正重视问题的答案呢？如果家长和孩子能够共同探究课堂上涉及的哲学问题，那他们就有机会倾听彼此的想法，在更高层次进行交流。

向家长介绍家庭作业

观点

教师可以把课堂日记寄给学生家长，和他们分享孩子们在哲学思辨方面的进步。你可以给家长寄一封信，或者召开一次家长会，向家长解释哲学探究的好处。在信件或家长会上，或许可以提及以下要点：

- 通过推理、解决问题、想象和创造，可以激发孩子们的好奇心。
- 哲学可以提高孩子们的沟通技巧，让他们学会表达、倾听、轮流发言。
- 哲学可以教会孩子们使用辩论语言，学会将不同的观点联系起来。
- 哲学有助于孩子们进行批判性思考，探究自己和他人的想法，同时不会对他人产生威胁，自己也不会感觉受到威胁。

- 哲学探究可以帮助孩子们和同伴建立起良好的关系，让他们学会和谐共处，倾听彼此的想法和观点。
- 哲学教会孩子们做有道德的公民，为自己的行为和观点负责。
- 哲学探究可以让孩子们对自己更自信。
- 哲学问题的答案没有绝对的对错之分，所以哲学对思维是种挑战。
- 学生提出的问题越多，他越想发现的就越多。

如何做：给家长的便条

下面是给家长的便条的一个范例。可以贴在学生课堂日志的扉页上。

我们在哲学课上会做什么呢？

- 老师先给我们看个导入材料，一个故事、一首诗、一段音乐、一张照片、一张图片或者一个实物。
- 我们可以在日志本上画出我们的所思所想，或者我们想要探索的东西。
- 老师会给我们一些时间思考或做游戏。我们可以自己思考，也可以以小组的形式讨论我们画的画或者其他让我们感觉好奇的东西。
- 我们围绕材料，提出有趣的问题，老师把问题记录在一张大纸上。
- 我们找到问题之间的联系和关系。
- 我们可以通过投票选出最感兴趣的问题，也可以共同决定想在课堂上讨论哪个问题。
- 围绕问题，我们探讨彼此的想法和观点，这叫作对话。
- 我们选择课堂上提出的一个问题，记在日志里，回家后和大人一起讨论。

请花时间共同思考、讨论家庭作业中的问题。请把孩子的想法用原话记下来，把大人的想法也记下来，下周把日志带到学校。谢谢您的支持。

向家长介绍哲学探究活动

观点

和学校的其他课程一样，让家长们理解学校为什么要教哲学、如何开展哲学教学非常重要。有些家长对哲学课程持怀疑态度，认为其过于学术，很难将哲学与小孩子们联系起来，哲学课程也不应属于孩子们的学习范畴。所以很有必要向家长解释哲学课程的架构和优点。家长的支持和信任将对培养孩子们的哲学思辨能力具有深远的影响。

把学校的教学资源让学生带回家，有助于家长理解哲学学习的意义和做法。准备一个“哲学包”，里面包括一个小熊玩具，一个铅笔盒，一本日志，给家长的一封解释信。日志可用于记录学生、教师和家长对哲学课的想法。孩子们把“哲学包”带回家，鼓励家长们仔细阅读其他人对哲学问题的看法，进一步提出自己的想法。孩子们也可以吸收日志中的观点，在下节课中用类似主题的书籍或其他教具，提出自己的想法。每天花5分钟时间和孩子讨论日志中记录的想法，就可以不断提出新的观点。

如果没有把“哲学包”带回家，孩子们也可以经常和家长讨论自己的想法。而使用“哲学包”可以让父母对孩子的思维、提出的问题产生更浓厚的兴趣和培养意识。家长和孩子们会慢慢明白，其实哲学不单单是为了探讨问题，更重要的是赋予事物意义，倾听、分享、探索生活的体验和意义。作为哲学课程的引导者，我们希望通过学习学校的课程，孩子们能和家人交流探讨有意义的事情。

如何做：给家长的信

亲爱的家长：

您的孩子把我们班的“哲学包”带回家了。我们正学着分享我们感到好奇的事情，也学着通过提问来了解生命以及我们生活的世界。

通过探讨观点，我们正在学习推理这一重要技能。我们的自我意识变强了，也更有学习的动力。这个哲学包里有一本书、一个玩具和一本您和孩子共享的日志。在日志里，我们写下了一些问题和观点，对此也想听听您的看法。所有的观点没有对错之分，重要的是提出疑问和证明自己的观点。请把问题读给您的孩子听，并一起讨论你们的想法。孩子也可以把自己的想法画出来。我们的目标是让孩子们学会平等对话和批判性思维。请把这封信和所有东西都放回书包，让孩子第二天带回学校。谢谢您的支持。

与家长分享观点

观点

如果想让学生在整个受教育的过程中不断反思，不断探究，那么，儿童哲学就必须走出教室。同时，家长欢迎学校给他们和孩子们布置哲学作业。

一旦家长意识到问题是自己的孩子提出来的，家长就更乐意参与其中。多年来，很多家长向我反馈，认为哲学作业非常重要。在家长填写的调查问卷中，有类似“我从来不知道他们有这种想法”“这让我对自己做的事情有了更多的思考”的评论。

得到家长的配合对哲学教学大有裨益。收到家长的积极反馈，老师们也特别有满足感。下文是一位小学生家长的看法。

我认为哲学对于孩子的教育而言是非常有益的补充。哲学鼓励孩子们进行创新思考。孩子们对自己的观点会更自信，更敢于表达。学会从不同的角度考虑问题，明白很多问题没有绝对正确或错误的答案，给他们上了一个有价值的人生课程。我们一直鼓励女儿提出自己的观点，并和我们辩论。我们向她解释事物时也会尽量详尽，而不是武断地说“因为是我说的”。在所有课程中，只有哲学能让孩子们认识到，每个人的观点都很重要，每个人都有权利以文明、理性的方式表达自己的观点。想法没有对错之分，只有好坏之别。哲学造就了全面发展、自信、有思想的人。

如何做

给父母的哲学板

可以在上课前或放学时在教室外面放一个大的布告栏或白板，向家长通知家庭作业或相关的事情。还可以在上面贴上孩子们提出的问题清单以及记录的对话。在哲学探究课结束后，还可以把导入材料复制一份给家长看。

父母的问题板

建议家长可以在家中放一块通知板，在板子上写清楚用途。家长可以自由写下感到困惑的问题，也可以写下在家里和孩子讨论的过程中出现的问题。要向家长说明：可以把这些问题拿到课堂上，作为讨论的基础，也可以鼓励其他家长进行回应。教师可以带头把自己正在思考的问题写在板子上，或者把“本周的想法”写在上面，鼓励其他人进行回应。

邀请家长听课

在学期末，当你和学生都已经适应哲学探究课的架构后，可以邀请一小部分家长（一次三人到四人）观摩听课。孩子们已经了解上课规则和形式，也肯定愿意和家长分享自己的观点并倾听他们的想法。或者也可以请别人把之前上课的过程录下来，邀请家长和孩子一起观看。

给家长的小提示

观点

我们布置哲学家庭作业，家长通常都十分配合，也似乎非常满意自己的意见得到了重视。为了得到家长的支持，老师必须让家长明白为什么要学哲学，以及怎么教授哲学。可以通过很多方法来增进家长的了解和理解。

使用哲学课日志

布置作业的时候，一定要加上一句话：

孩子认为________________，因为________________；

家长认为________________，因为________________。

不仅要把思考要点写在家长通知板上，还要把这些要点记在日志里，因为有些家长可能不接送孩子上下学，有些家长没有时间读布告栏上的内容，有些家长读了也记不住。一开始布置哲学作业时，把要点记在日志里效果最好，因为你要告诉家长该如何进行哲学思考。

小贴士

最好是在电脑上做一个模板，每周只需要修改模板，打印出来贴在书上。你也可以把问题写在纸上，让孩子们贴在课本上。

如何做：家庭作业中的问题

何为“假”？

思考要点：

- 我们怎么知道某件事是真的？
- 什么东西是“假的”？我们怎么判断？

- 电视上演的东西是真的吗？
- 我们怎么知道某件事是真的还是假的？
- 我们能相信自己的感觉吗？我们能相信别人告诉我们的话吗？
- 必须得眼见为实吗？

如果你和别人交换了身体，你还是你吗？

思考要点：

- 人们会以不同的方式对待你吗？人们对待你的方式不同，会让你变得不同吗？
- 是什么造就了你？
- 是你的大脑还是你的身体造就了你？
- 你的大脑和身体是分开的吗？
- 如果你的身体变成了别人的身体，你的感觉和行为还会一样吗？

小贴士

布置作业的时候，别忘了加上“孩子认为__________，因为____________________”和“大人认为____________，因为____________________”这段话。

哲学俱乐部

观点

对于对哲学真正感兴趣的学生来说，哲学俱乐部为他们提供了深入思考哲学问题的机会。哲学俱乐部更像是氛围很轻松的聚会，因为加入俱乐部的孩子们本身都喜欢哲学，加入俱乐部就是为了享受哲学的乐趣。

俱乐部的活动可以先组织孩子们回顾以前学到的东西。可以翻翻日志，也可以和小组成员分享自己的观点、想法或看法。每个学生都有一本学习日志，这些日志属于他们个人，他们可以决定是否和父母、朋友或学习伙伴分享。有些学生可能愿意和其他人交换日记，并以文字或图画的形式回应对方的观点；有些学生可能愿意和朋友（也许来自另一所学校）通信。这样做的目的，是提高哲学的地位，对哲学的思考和哲学在生活中的应用应该受到重视。

鼓励学生们主导探究过程、主导对话。这样，他们就会更自信，摆脱总是思考成年人期待的答案的困境，不受干扰地表达自己的观点。

如何做

哲学俱乐部日志：把俱乐部活动的相关内容记录下来，包括：问题、与主题相关的想法、最喜欢的故事、教具等。

海报：以小组为单位，两人一组或单独制作海报，展示哲学问题、观点和插图。

展板：根据某教具或某哲学主题，共同制作一个展板。或者做一期“什么是哲学？”的展板。

传单：鼓励学生们宣传哲学俱乐部。向家长、访客和其他同学发放传单。除了提供会议时间和地点等基本信息外，还应包括俱乐部的详细介绍，比如其主旨和内涵。

角色扮演：装扮成古希腊哲学家，上演一场苏格拉底式的对话。

午餐时间：每周组织一场午餐讨论会，孩子们可以带着午餐来，边吃边聊。

第 8 章

游戏和活动

在学习哲学时可以做很多游戏，比如，开启角色扮演、快问快答挑战等。学生通过游戏和活动，可以提高哲学思辨技巧，进而提高哲学理解。

为什么要做游戏

观点

下面的游戏和活动是从萨拉·斯坦利的著作《可是，为什么呢？》中选取的一小部分。这些活动都是为了提高哲学课上所需要的技巧，有如下几种用途：导入哲学课、课前或课后进一步加深本节课的讨论，为下节课做铺垫等。

有些游戏是根据卡琳·莫里斯、乔安娜·海恩斯、罗杰·萨克利夫的想法构思设计的。其余活动是通过实践摸索，专门为学生设计的。首先，学生们必须明白为什么要做这些游戏和活动，这样他们既能享受乐趣，又能有意识地提高哲学思考能力。在每个活动开始前，要认真思考，这次活动能锻炼哪些技能，怎么把这些技能应用到哲学课中等。

如何做

做游戏可以培养以下技能：

- 集体意识：

尊重、轮流发言、寻找发言的机会、共同承担责任、明白建立规则的必要性。

- 提问的技巧：

选择高质量的问题，提出次生问题，围绕重要主题提问题。

- 建立联系：

发现相似点和不同点，能与重要问题关联起来，理解不同观点之间的关系。

- 决策能力：

能独立思考，经过推理然后独立作出选择，证明自己的观点和想法，认识到想法的转变。

- 对话技能：

形成自己的观点，辨别辩论中的一致性和矛盾之处，能理解辩论的语言，提高沟通技巧。

培养团队意识

观点

通过游戏和活动，学生们能逐渐明白团队合作的重要性。而从本质上来说，儿童哲学就是为了让学生自己决定讨论和探究的内容。他们应该自行营造一种相互信任的安全氛围，就算有分歧，也能互相倾听、尊重。

在课堂上，少数学生比较积极活跃，经常主导对话，会让其他同学望而却步；相反，有些学生可能没有自信心，不好意思当众发言。接下来介绍的游戏可以帮助这两个极端的孩子们，让所有人明白轮流发言的重要性，让他们真正成为一个团队。

在做这些游戏时，还可以更进一步，让学生根据选择变换位置。比如说："等你老了，你还是原来的你"。可以让同意这个观点的人移动位置，也可以让不同意这个观点的孩子们移动位置。

但孩子们必须随时准备好，说明自己的理由。

如何做

起立/坐下的游戏

本游戏旨在培养学生的集体意识，在进行集体探究时，要关注其他人，通力合作，轮流发言，这样才能找到更大的发言空间。

所有学生先站成一圈。每个人找到一个时机站起来。但是如果两个或两个以上的人同时站起来了，那他们必须都坐下，游戏重新开始。等到所有学生都一个一个站起来过之后，就可以反过来，试着全班同学一起坐下。为了加大难度，所有人可以闭上眼睛（当然，要指定某个人把眼睛睁开，监督整个过程）。

“好消息，坏消息”游戏

这个活动是根据科林·麦克诺顿的绘本《好消息！坏消息！》设计的。教师先说一个好消息，学生要学习老师的例子，接一个坏消息，然后再说一个好消息，交替进行。直到某个人说不出来，游戏卡壳。

好消息可以是：

- 你家的猫生了小猫。
- 你找到了一盏神灯。
- 最喜欢的歌手要来你家喝茶。
- 明天是你的生日。

探究事物的原因

观点

本节所提到的活动旨在鼓励学生在同龄人面前发言。如果举办得成功，活动将会很幽默，适合破冰，有助于密切同学之间的关系。

所需材料：

- 给每个孩子发两张不同颜色的彩纸（便利贴大小）
- 铅笔
- 两张大纸

把两张大纸放在地板上。在其中一张的顶端写上："我不希望生活中没有……"另一张纸的顶端写上"因为……"。

给每个人发两张彩色纸条，让他们在一张纸上写上他们不希望生活中没有的东西，在另一张纸上写出理由。鼓励学生们把写的小纸条贴在大纸上。找个志愿者，从每张大纸上随机选取一张小纸条，并弄清楚句子的意思。或者轮流读一下每张纸条的内容，让学生们尝试把两张纸上的内容关联起来。

小贴士

可以进行其他尝试。例如，他们想成为哪种动物？他们想成为哪个名人？他们想发明什么东西？如果他们中了彩票，他们会做什么？要记住，这些问题最重要的是“因为”。

如何做

不希望生活中没有……

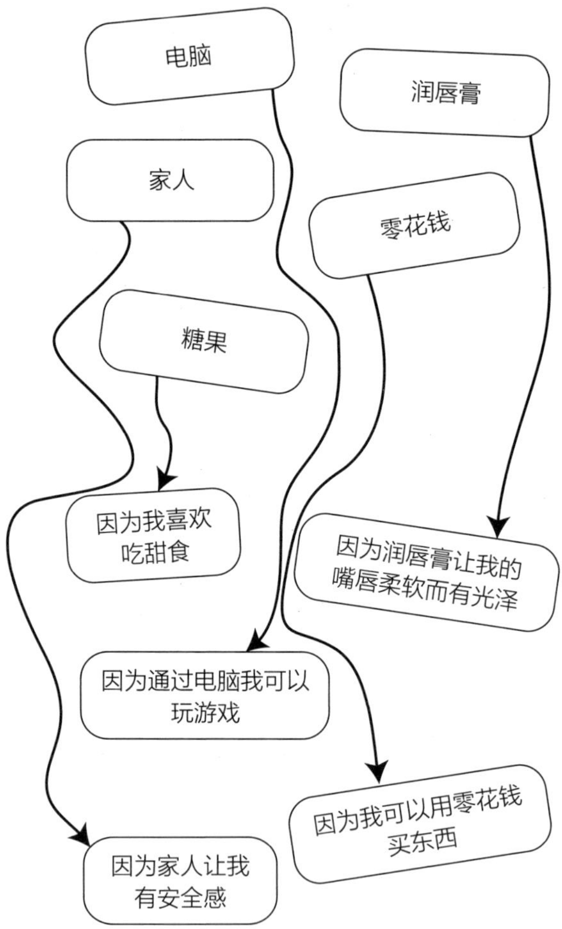

提高提问的技巧

观点

魔镜

通过这个活动，可以有效练习提出开放式问题。要向学生说明，魔镜会给出解释，而不是回答“是”或“不是”。这样就把封闭式问题排除了。

所需材料：

- 一张大纸
- 笔
- 一面“魔镜”

先让孩子们熟悉《长发公主》的故事。告诉孩子们，当王子来救长发公主的时候，长发公主说，她要问王子塔外的事情，然后根据王子的回答决定是否跟他走。王子急忙跑到长发公主的宫殿，借了一面从不说谎的魔镜。他把魔镜拿给长发公主，告诉她，镜子会回答她的问题，但不会简单回答“是”或“不是”。然后他就离开了，他会在第二天回来，听听她是如何决定的。

可以请孩子们把塔、长发公主和王子画下来。问问孩子们要提什么问题，记下来。然后判断哪些问题镜子可以给出回答。

如何做

学生提问的例子包括：

我将来会幸福吗？

我身边会有好人吗？

我会有朋友吗？

我必须照顾自己吗？

我必须照吩咐的去做吗？

我可以上学吗？

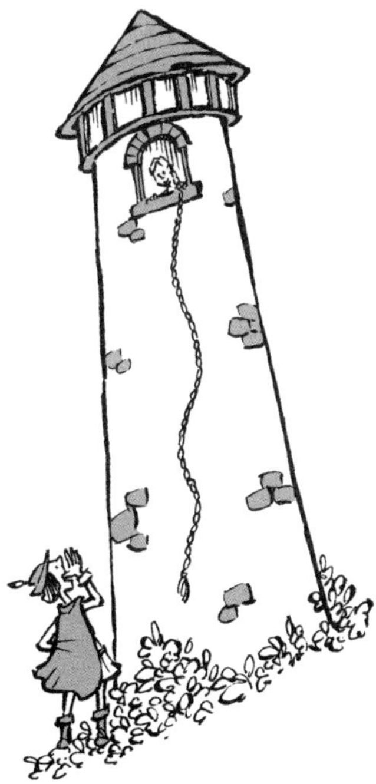

变化

年级高的学生可以把问题记在便利贴上，然后贴在那张大纸上。

至于问题的回答，老师可以负责替镜子回答，也可以指定学生回答。

把所有问的问题分类——封闭式问题、开放式问题和哲学问题。投票选一个问题，然后组织进行探究。

引导学生提出有意义的问题

观点

下列活动旨在帮助学生提出有意义的问题。一开始，学生对于“哲学问题 ”很陌生，可能会觉得很难提出有意义的问题，而且把对导入材料的描述转换为问题也有些困难。本活动也有助于孩子们关注角色的行为和动机，揭示人物的价值观，反过来，有助于孩子们了解其他人的价值观，发现并探讨价值观问题。

所需材料：

- 莫里斯 · 森达克的绘本《野生动物在哪里》
- 一张纸
- 笔

向学生展示绘本。拿两张大纸，然后画出书中人物的轮廓，学生在轮廓上添上一些细节。然后，要留有思考和讨论的时间，让他们针对任何一个人物，想一个问题。在这个活动中，鼓励学生问出“究竟为什么……？”这样的问题。在记录问题时，老师应该尽可能记录问题原话，写在相应的人物上。

如何做

下面对话摘选自4岁孩子上的一节课。

向麦克斯提出的问题：

- 你究竟为什么要跟你的妈妈讨论“野生动物”?
- 你究竟为什么要打闹?
- 你究竟为什么要回家?
- 你的晚饭为什么是凉的?

向野生动物提出的问题：

- 你们究竟为什么说“我们要把你吃掉”?
- 你们究竟为什么要让麦克斯留下来?
- 你们究竟为什么要说麦克斯是国王?

变化

可以把这个活动变成游戏，再拓展为对话。

学生们可以选几个角色。把他们分成几个小组，每组选择一个角色，各个小组尽量向他们选定的角色提出问题。

这个活动可以循环进行。让每个人把所有角色都扮演一遍，向每个角色都提一个问题。也可以试着从清单中选一个问题，开始对话。

建立联系：你能过关吗?

观点

我们的大脑通过建立不同事物间的联系来理解世界。通过下面的活动，学生们可以意识到问题和观点之间可能存在不止一种联系，从而能迅速发现并建立联系。一旦他们把问题和观点关联起来，他们就能看出事物之间的联系所揭示的哲学概念以及背后隐藏的重要问题，然后他们才能真正形成自己的观点。这些活动也能促进小组成员讨论，而且因为是以游戏的形式开展活动，所以在探究环节发言比较少的学生也能更自信，更愿意分享自己的观点。

所需材料：

- 一套童话人物卡片
- 笔

- 一张大纸

在大纸上画一条行进路线或路径，上面要有6个交叉点。路线可以画得很简单，可以是从左到右的一条线，中间画上5-6个圆圈，作为“台阶”。先在班级里解释一下规则，然后每个小组选一条路线，帮助童话故事中的人物沿着选好的路线从起点走到终点。每到一个交叉点，童话人物必须在其他人物的帮助下，才能够继续前进。关键是后面选择的童话人物和前一个人物必须至少有一种联系。

旅行路线还可以是：

- 穿过一片鳄鱼出没的沼泽地
- 穿过幽深黑暗的树林到外婆家去
- 从白头发女巫的城堡走到衣橱里

如何做

长发公主被困在了塔顶，她想下去和王子相会，但必须通过6扇窗户才能到达塔底。每扇窗户里都住着一个童话人物，可以帮她到下一层。不过必须找到这个童话人物和前一个人物之间的联系，才能帮助她。

下面是学前班的孩子们找到的联系：

1. 长发姑娘能够得到野兽的帮助，是因为“野兽很喜欢她”。

2. 野兽能够得到狼的帮助，是因为“他们都吃人，都很可怕”。

3. 狼能够得到龙的帮助，是因为“它们都有锋利的牙齿”（老师这时提醒孩子们要关注行为，不要只关注外表。可以问孩子们，狼和龙都用锋利的牙齿做什么，孩子们回答说“咬人”）。

4. 龙和小仙女的联系在于“它们都有翅膀”（同样，老师又提醒孩子们要关注行为，所以他们把原因改为“因为它们都能飞”）。

5. 小仙女和胡克船长的联系在于“他们都厌恶温迪”。

6. 胡克船长和食人魔的联系在于“他们都有武器”（在老师的引导下，他们把原因改为“他们都杀人”）。

变化

- 可以几个学生一组，选一些数字和卡片，创造新的过关游戏。
- 不同的小组可以交换过关游戏，尝试找到相互之间的关联。
- 教师也可以组织学生根据童话故事、电影、绘本等制作人物卡片。

提高对话技巧：让我们假设……

观点

本活动鼓励学生重新考虑问题，探究各种假设，而这两种能力是建立在解决问题和创造性思维的基础上的。讨论后常常引起看法的改变，而这种变化应该被看作引入更高层次的思考。

所需材料：

- 学生的哲学日志
- 一张大纸
- 一个装满纸条的盒子，纸条上写着“让我们假装……”
- 三个袋子，上面分别写着：好事、坏事、我不知道和因为……
- 小纸条
- 铅笔

让孩子们在日记本一页纸的中间画一条竖线，把一页分成两栏。在一侧画上笑脸，代表“好事”，在另一侧画上哭脸，代表“坏事”。然后每个人从盒子里摸一张纸条，把上面的内容大声读出来，然后把纸条贴在大纸上（本节“如何做”板块列出了可能用到的假设）。

让他们安静地思考几分钟，根据自己的判断和对听到的内容的理解，在代表好事的或坏事的一侧画一幅画。如果不确定，那就把想到的好的方面和不好的方面都画下来。老师在教室里巡视，把写下的说明文字记录下来。在充分的思考/绘画后，放到能够代表自己想法的袋子里。等大家都投完纸条，把纸条从袋子里倒出来，记录一下票数。让其中几个人说说自己投了哪边的票，为什么那么投票，以此为引入，开始对话。在对话快结束时，询问有没有想改变想法的人，如果改变了，原因是什么？然后，再投一次票，把变化记录下来。

如何做

让我们假设——

每天都是圣诞节。

你每天都过生日。

你无所不知。

永远不会下雨。

我们都会变魔术。

世上没有数字。

世界上根本没有爱。

能看到人们在想什么。

孩子们和老师互换位置。

世界上没有钱。

所有人长得都一样。

所有人都不会说话。

世上没有时间。

世上没有学校。

钱是从树上长出来的。

从来没人被责备过。

世上没有警察。

我们都生活在动物园里。

“你宁愿？”游戏

观点

本活动可以让学生在课堂深入思考，在面对利弊权衡时，学会如何选择，该如何做出决定。这个游戏可以作为课程导入，也可以提高学生的思考能力和谈话技巧。如果你用这个活动导入哲学对话，那你可以选一个两难困境，也可以让孩子们抽一个题目。本活动也可以提高引导老师的技巧，因为教师需要对孩子们的回答做一定的延展说明，并引导大家开始哲学讨论。他们能不能在对方的推理中发现自相矛盾之处？可以说服孩子们探究自己的观点吗？除了他们选择的答案，还可以用他们没有选择的选项来推动讨论。

所需材料：

- 制作一些卡片，上面写上两难困境，每个困境都有a、b、

c、d四个选项。

- 在A4纸上分别写上a、b、c、d，放在房间的不同位置。

选一张卡片，把两难困境读给学生听，他们可以根据自己的选择移动到房间相应的位置。不要给他们太多考虑时间，等所有人都就位了，请其中几位说明自己的原因。

鼓励学生独立作出判断，但是也要提供互相交流的空间，倾听做出不同选择的群体的声音。同样的，在讨论后，给他们重新选择的机会，鼓励他们说出改变主意的原因。

如何做

你愿意……

a. 进入太空

b. 拥有自己的电视节目

c. 当国家足球队队长

d. 成为偶像选秀节目的冠军

你宁愿迷失在……

a. 大海上

b. 太空中

c. 荒岛上

d. 拥挤的城市

你宁愿拥有……

a. 100万英镑

b. 永不消逝的青春

c. 余生幸福

d. 每天都有免费的糖果吃

你愿意过……

a. 漫长而孤独的一生

b. 短暂而快乐的一生

c. 短暂却超级富有的一生

d. 漫长却贫穷的一生

你愿意遇到……

a. 上帝

b. 曾曾曾祖父

c. 全世界最聪明的人

d. 大卫 · 贝克汉姆

你宁愿找到……

a. 一只活着的恐龙

b. 一个真正的仙女

c. 一个永远不会空的钱包

d. 一扇通往另一个世界的门

思维游戏

观点

所需材料：

- 制作一些卡片，上面写上：我同意、我不同意和我想改变主意等文字。
- 陈述句清单。

把卡片放在房间不同的区域。为了方便年级较低的学生，在卡片上加些符号。例如，在“我同意”的卡片上打钩，在“我不同意”的卡片上打叉，在“我想改变主意”的卡片上加上双箭头。把“我想改变主意”的卡片放在老师脚下。

让学生在教室中间集合，确保所有人都知道哪个区域放了什么卡片。把每个陈述句都读两遍，让学生根据自己的判断，走到相应的区域。这时候要强调“相信自己的判断”的重要性，请学生自愿举手，向大家说出自己的想法，并向做出同样选择的人分享自己的原因。在分享之后，让改变想法的人再次做选择。不过，必须要说明自己改变主意的原因，然后再挪动位置。

如何做：陈述句清单

你的梦是真的。

最强大的人应该当领导。

不应该有任何规则。

你绝不能偷窃。

动物可以做梦。

你应该一直遵照命令行事。

即便你老了，你还是你。

如果你改了名字，你就变成另外一个人了。

你不应该撒谎。

我们应该做自己喜欢的事。

我们在生活中可以自由选择。

如果别人看不到你，你就不存在。

如果你和你的朋友互换了大脑，你就变成了他们。

伤害别人永远是错误的。

我们可以选择爱谁。

男孩应该穿粉红色的衣服。

惩罚总是对的。

只有聪明的孩子才应该上学。

丑陋的人让人厌恶。

漂亮的人总是既可爱又善良。

变化

- 使用探究过程中的陈述句，这个活动可以帮助学生反思自己的想法，或者开始思考他们不太确定的问题。
- 让学生把关于导入材料的问题变成陈述句，以此开启哲学探究活动。

「常青藤」教育书系·重磅推荐

《从优秀教师到卓越教师：极具影响力的日常教学策略》

作 者：（美）安奈特·布鲁肖
托德·威特克尔

ISBN：978-7-5153-1237-8

开 本：16

页 码：336

定 价：33.80元

★ 入选浙江省教师节用书

★ 入选中小学教师必读图书

★ 入选“新华杯”教师读书征文比赛推荐图书

★ 高效：一天一个简单易学的方法，5分钟就能让你的教学效果“立竿见影”

★ 实用：180天，闲暇之时就能轻松学习新理论、新方法、新智慧

★ 权威：美国最受欢迎的教育家与数千名卓越教师的无私分享，让你获得全新的教学视野

★ 超强影响力：美国教育界公认最好的教师培训项目二十余年的宝贵经验

本书是一本覆盖全学年的实用教学指南，一共包含 180 天，几乎覆盖了整个学年的教学时间，每一天为教师提供一个与教学相关的方法、策略或者行动建议，以提高教学的有效性。教师每天只需花几分钟的时间，就能获得新进步、新收获。

作为一名教师，由于肩负着众多的责任，所以很容易顾此失彼，看重一些我们本无须看重的东西，忽略一些我们本不该忽略的东西。因此，每一天，我们都需要提醒自己做自己该做的事情。本书将在你教学的每一天为你送上温馨的提醒、善意的建议、周全的行动计划。

像冠军一样教学：

引领学生走向卓越的62个教学诀窍

ISBN：9787515343488
作者：[美] 道格 · 莱莫夫
2016-9　定价：49.00元
上架建议：畅销书　教师用书

入选《中国教育报》2016年度“教师喜爱的100本书”
入选中国教育新闻网2016年度“影响教师的100本书”

- 被誉为美国的“教学圣经”
- 全球1700万教师口碑相传的教学指南
- 教育界罕见的销量过千万的全球畅销书
- 只要掌握技巧，没有教不会的学生
- 一套已被证明适合每一所学校和每一个教师课堂的实用教学工具
- 《纽约时报》《时代周刊》《洛杉矶时报》《华盛顿邮报》《华尔街日报》《今日美国》等权威媒体重磅推荐
- 伟大的教师不是天生的，而是后天造就的。事实上，每一位教师都可以选择加倍努力来完善自己，最终成为你想成为的教师。本书涉及的62个教师技巧，一直被大多数教师实践，所有遵循这些方法的教师，都成功掌控了自己的课堂。

内容简介：《像冠军一样教学：引领学生走向卓越的62个教学诀窍》被誉为美国的“教学圣经”，作者多年来观察教学成效出色的冠军教师，从他们的教学技巧中整理归纳出一套实用的教学手册，清晰易懂又容易上手，能帮助新手教师更快进入状况，快速提升教学效果；帮助老教师直达教育本质，沉淀教学精华；帮助学生发挥最大潜力，在未来拥有更多机会。

全书在一个个引人入胜的教学案例中，为教师提供了62个操作简便、高效实用的教学技巧，每章末均附有切实可行的培训练习，帮助教师进一步理解和反思他们的教学行为，以更好地引导学生专注学习，发挥最大潜力。

作者简介：道格 · 莱莫夫是美国畅销书作家、权威教育家、著名教师培训导师。毕业于哈佛大学。

道格是教育界的权威专家。不仅如此，他还是全美教师培训界最引人注目的导师，他在观察几千堂“不可思议”的高效课堂后，归纳出冠军教师所需要的62个教学诀窍，他关于教学的理念和方法，一直被大多数教师实践，所有遵循这些方法的人，都成功掌控了自己的课堂和生活，并从中获得了无限快乐和幸福。

《像冠军一样教学：引领学生走向卓越的62个教学诀窍》出版后，在全球教育界引起巨大震动，包括《纽约时报》《洛杉矶时报》等主流媒体都做过专文报道。莱莫夫本人也声名鹊起，哈佛大学教育学院数次诚邀他登台演讲，约旦王后拉尼娅盛情邀请他出任教育顾问。

他还撰写了畅销书《练习的力量：把事情做到更好的42法则》。